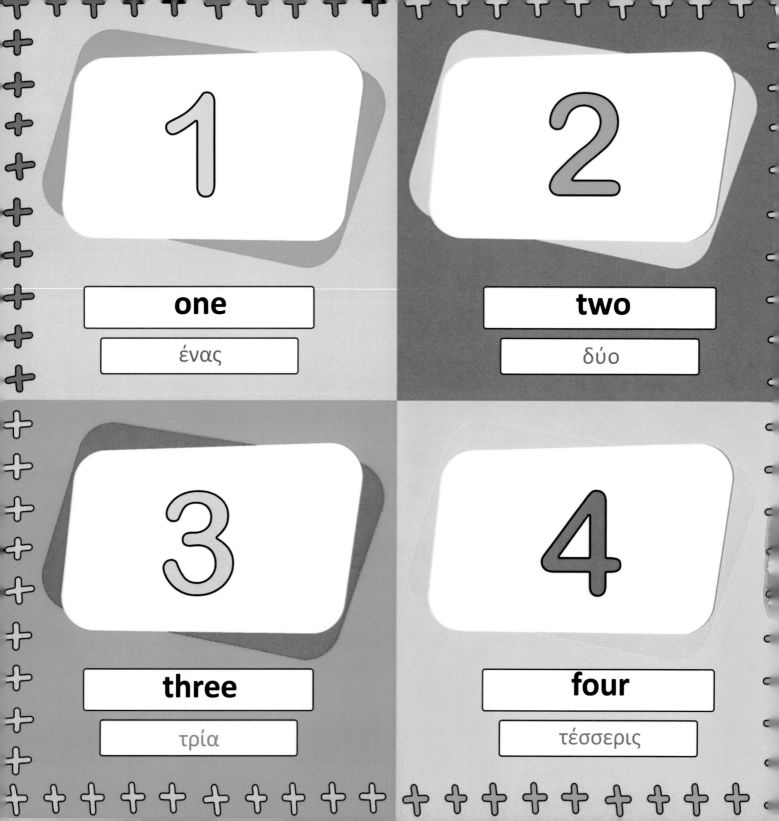

1

one

ένας

2

two

δύο

3

three

τρία

4

four

τέσσερις

5

five

πέντε

6

six

έξι

7

seven

επτά

8

eight

οκτώ

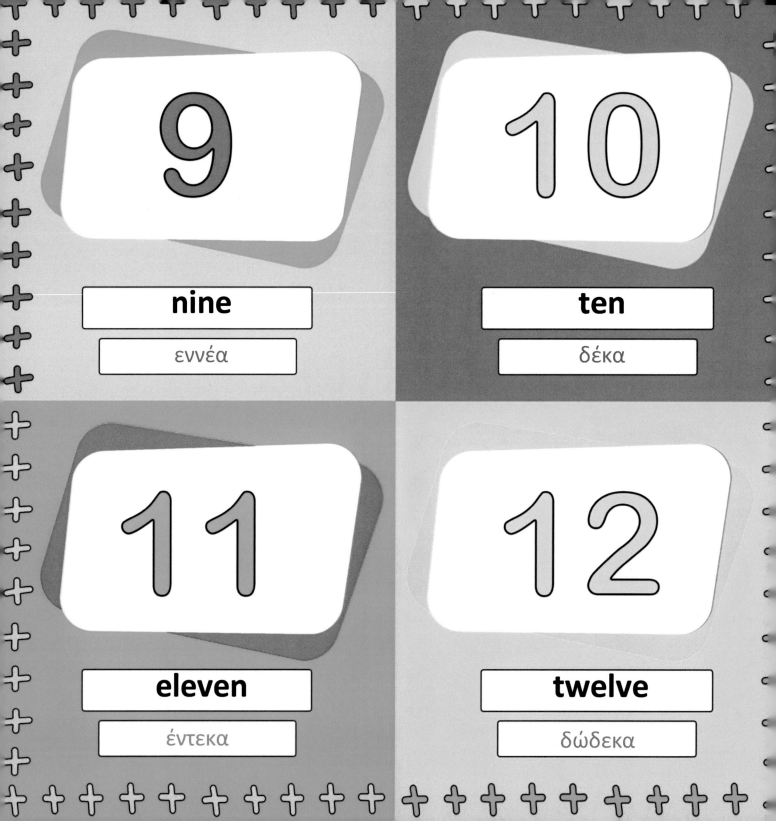

9

nine

εννέα

10

ten

δέκα

11

eleven

έντεκα

12

twelve

δώδεκα

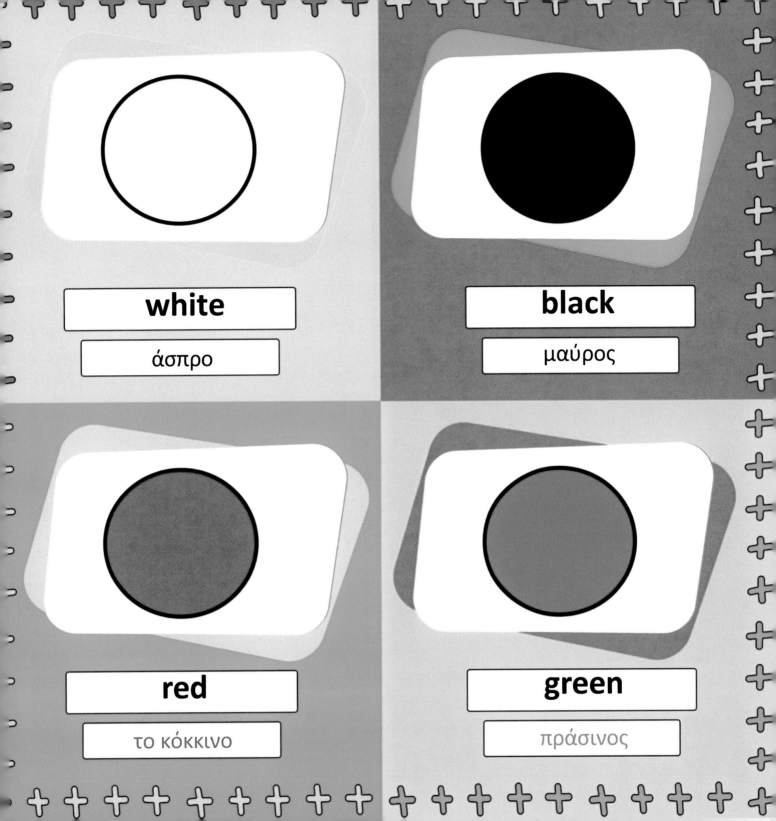

white

άσπρο

black

μαύρος

red

το κόκκινο

green

πράσινος

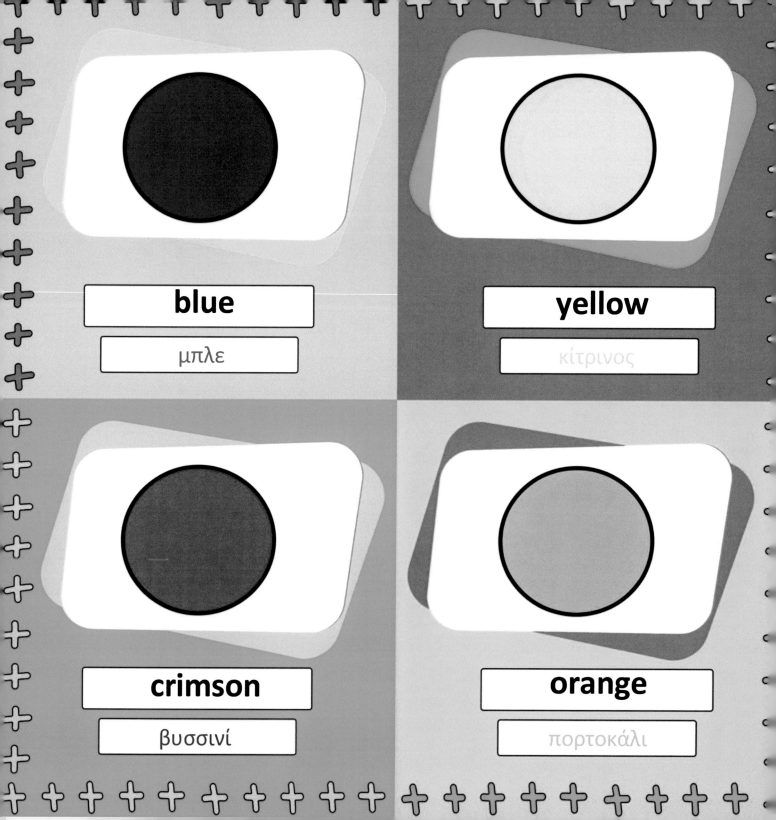

blue

μπλε

yellow

κίτρινος

crimson

βυσσινί

orange

πορτοκάλι

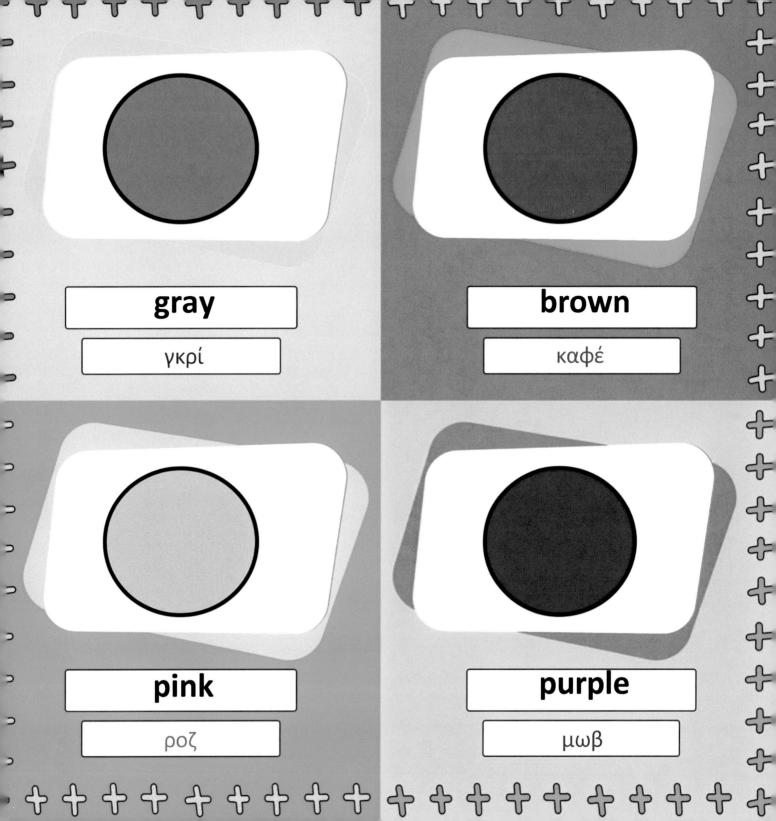

gray

γκρί

brown

καφέ

pink

ροζ

purple

μωβ

grandpa

παππούς

grandma

γιαγιά

father

πατέρας

mother

μητέρα

brother

αδελφός

sister

αδελφή

son

υιός

daughter

κόρη

apple

μήλο

banana

μπανάνα

orange

πορτοκάλι

lemon

λεμόνι

avocado

αβοκάντο

strawberry

φράουλα

watermelon

καρπούζι

grape

σταφύλι

pomegranate

ρόδι

pineapple

ανανάς

kiwi

ακτινίδια

mango

μάνγκο

potato

πατάτα

carrot

καρότο

onion

κρεμμύδι

cabbage

λάχανο

Tomatoes

Ντομάτες

Cucumber

Αγγούρι

Lettuce

Μαρούλι

Peas

Αρακάς

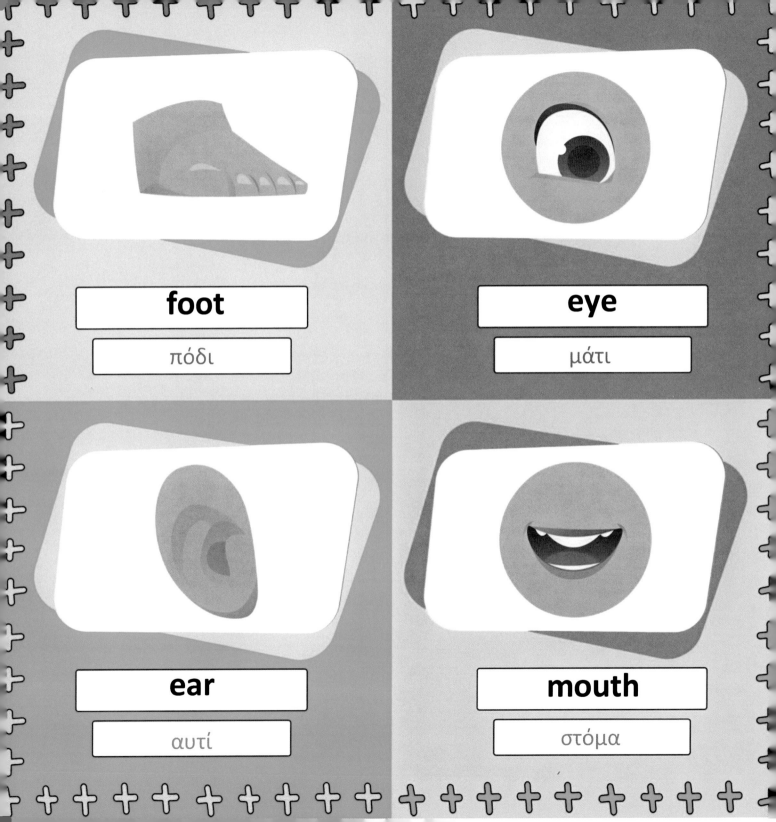

foot

πόδι

eye

μάτι

ear

αυτί

mouth

στόμα

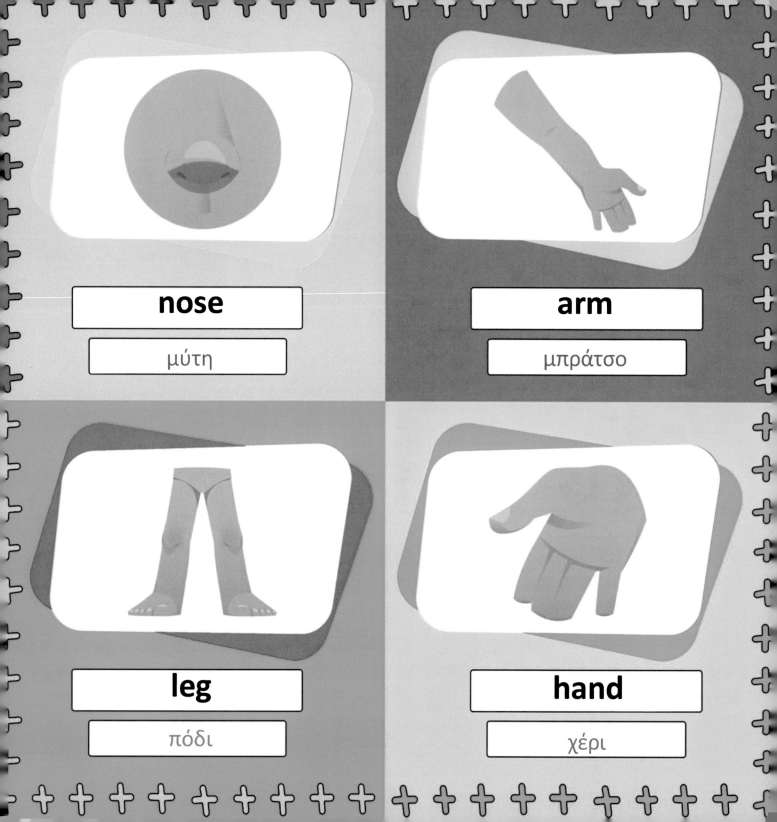

nose

μύτη

arm

μπράτσο

leg

πόδι

hand

χέρι

dog

σκύλος

cat

Γάτα

fish

ψάρι

horse

άλογο

chicken

κοτόπουλο

sheep

πρόβατο

frog

βάτραχος

rabbit

κουνέλι

monkey

Πίθηκος

Pig

Χοίρος

cow

αγελάδα

goat

γίδα

doctor

γιατρός

chef

σεφ

fireman

πυροσβέστης

farms

αγροκτήματα

Architect

Αρχιτέκτονας

Policeman

Αστυνομικός

nurse

νοσοκόμα

Lawyer

Δικηγόρος

car

αυτοκίνητο

taxi

ταξί

fire truck

πυροσβεστικό όχημα

ambulance

ασθενοφόρο

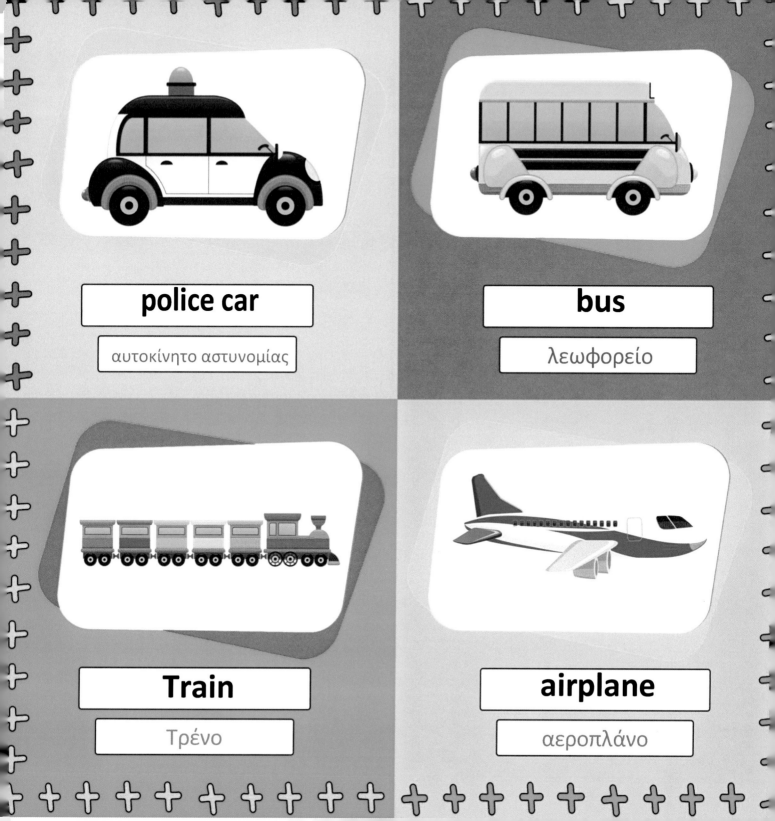

police car

αυτοκίνητο αστυνομίας

bus

λεωφορείο

Train

Τρένο

airplane

αεροπλάνο

socks

κάλτσες

shoes

παπούτσια

t-shirt

Κοντομάνικη μπλούζα

hat

καπέλο

Trousers

Παντελόνι

dress

φόρεμα

jacket

σακάκι

Sunglasses

Γυαλιά ηλίου

winter

χειμώνας

summer

καλοκαίρι

spring

άνοιξη

autumn

φθινόπωρο

Made in the USA
Las Vegas, NV
10 May 2024